CLARA LOUISE

Von verlassenen Träumen & einem leichteren Morgen

CLARA LOUISE

Von verlassenen Träumen & einem leichteren Morgen

Gedichtband

Mit Zeichnungen der Autorin

Vorwort

Als ich zur Welt kam, da hatte ich blaue Haare, erzählt mir mein Vater immer wieder. Ein bisschen anders war ich also schon immer. Ich bin eher still als laut und denke eher, als zu sprechen, doch was ich schon immer gerne mag, ist, in Welten abzutauchen und manchmal, da muss ich aufpassen, dass ich mich nicht darin verliere.

Meine ersten Gedichte schrieb ich schon im Alter von 13 Jahren, um meine Sorgen und Gedanken loszuwerden. Das Schreiben war vom ersten Gedicht an eine Art Therapie, um loszulassen von bösen Geistern, die manchmal in unseren Köpfen herumschwirren. Dass ich diese Gedichte, die ich so oft schreibe - eigentlich nur für mich selbst - irgendwann einmal veröffentliche, das hätte ich nie gedacht. Einmal sagte mir eine Lehrerin, dass ich unbedingt etwas aus meinen Texten machen soll. Das war der erste Anstoß, den ich bekam.

Durch meine jahrelange Tätigkeit als Liedermacherin wurde ich oft auf meine Texte angesprochen. Menschen erzählten mir, dass ihnen meine Worte durch schwere Zeiten helfen, ihnen Mut verleihen, das Gefühl geben, nicht allein zu sein. Der Vorteil von Zeilen ohne Musik ist, dass man noch mehr Spielraum hat, sich seine eigenen Bilder zu malen.

Ich wünsche mir, dass du beim Lesen dieses Buches deine eigenen Fantasien zulässt, träumst, abtauchst, um wach zu werden, doch vor allem wünsche ich dir von Herzen, dass du nie aufgibst, von einem leichteren Morgen zu träumen, wenn du gerade unter einer Wolke läufst.

Alles Liebe
Clara Louise

3. Auflage
Originalausgabe Dezember 2018
© 2021 Loud Media and Awareness GmbH,
Imbergstr. 31c, 5020 Salzburg, Österreich
Umschlaggestaltung: Clara Louise, Nilla Bogensperger
Lektorat: 2019 Loud Media and Awareness GmbH
Satz und Layout: Clara Louise, Nilla Bogensperger, Alexander Tiefenbacher
Druck und Bindung: FINIDR, s.r.o.,
Lípová 1965, 737 01 Český Těšín, Tschechische Republik
Bestellung und Vertrieb: Nova MD GmbH,
Raiffeisenstraße 4, D-83339 Vachendorf, Deutschland
ISBN 978-3-96443-298-8

FSC
www.fsc.org
MIX
Papier aus ver-
antwortungsvollen
Quellen
FSC® C014138

www.claralouise.de
www.loud.at

Sorge für dich, als wärst du
die Liebe deines Lebens.

Inhalt

FEUERMEER

Warum stehen wir hier,
schauen in die Weite,
empfinden Stille,
wenn das Meer vor uns
in lodernden Wellen aufgeht?

DEINE SHOW

Du kommst daher,
sprichst wie ein Philosoph,
doch handelst wie ein Clown: aufgesetzt und berechnend.

Du versuchst mich in deine Scheinwelt zu ziehen,
öffnest die Vorhänge und deine Show beginnt.

Applaus.

Ich gebe dir die Bühne,
die du brauchst,
denn ich weiß,
dass jede Aufführung einmal endet
und bis der letzte Gast verschwindet,
bleibe ich hinter den Kulissen und warte darauf,
dass deine aufgemalten Tränen Wirklichkeit werden
und du verstehst,
dass es genau dieser Fall ist,
der dich davor bewahrt,
in unendlicher Traurigkeit zu versinken.

DU BIST MIR EIN RÄTSEL

Du bist mir ein Rätsel,
doch ich hoffe,
du bist nicht unlösbar.

Ich versuche die richtigen Buchstaben zusammenzubringen,
die das Lösungswort ergeben.

An manchen Tagen erleuchtet mir die Antwort,
doch ehe ich einen Stift finde,
um sie aufzuschreiben,
ist sie wieder erloschen.

Ich verstehe dich nicht
und doch versuche ich es immer wieder.

Liegt es an mir,
dass deine Seele so verschwommen wirkt?
Du bist sicherlich ein fester Baum,
gewachsen vor langer Zeit
und mit stärkeren Wurzeln,
als ein ganzer Wald sie vorzuweisen hat,
doch ich schaffe es einfach nicht,
zu dir zu gelangen.

Du bist mein Schatten,
denn egal wo ich bin,
ob mit dir,
oder ohne dich,
begleitest du mich.

Ich brauche nicht einmal zurück zu blicken,
ich weiß,
du bist da.

Und obwohl ich mich auf deine Nähe verlassen kann,
gelingt es mir nie,
dich einzufangen.

So gerne würde ich dich nur einmal halten,
nur einmal wissen,
dass du frei bist,
doch du lässt es nicht zu.

Vielleicht möchtest du gerne,
doch das Sonnenlicht zwingt dich immer wieder dazu,
für immer nur mein Schatten zu bleiben.

DER MOND IN DIESEM MOMENT

Wie wir so da liegen
und du mir in die Augen schaust –
das könnte ewig so bleiben,
denn ich beginne,
das Gewitter um mich herum zu vergessen,
auf Wolken zu klettern
und über dem Alltag zu schweben.

Du nimmst mich mit,
ohne dass du es weißt,
indem du einfach nur da bist
und mir verbunden bist mit deinem Geist,
viel mehr noch,
als mit deinem Herzen.

Ich weiß nicht,
ob es dir auch so geht,
gerade in diesem Moment habe ich das Gefühl,
es gibt nur noch dich und mich.

Stell dir mal vor,
es gäbe eine Möglichkeit
diesen Ort für immer zu verlassen,
nichts mehr anderes wahrzunehmen
und nur noch in Unendlichkeit zu versinken.

14

Was würde ich alles dafür geben,
diesen Moment einzufrieren,
ihn wieder und wieder zu erleben,
bevor er irgendwann
- und ich hoffe,
dass es dieses irgendwann nicht gibt -
vergeht.

Während der Mond mir das Leben leicht macht
und die Sterne in deinen Gedanken meine Sinne berühren,
liege ich einfach hier,
versuche die Worte aus meinem Kopf zu streichen,
einfach nur noch zu fühlen,
dass es genau dieser Moment sein wird,
der mich durch die nächsten Zeiten führt.

ANGST

Ich erinnere mich noch gut daran,
wie ich als Kind Angst hatte
vor allem,
was nicht real war.

Ich wachte auf,
jede Nacht,
sah Gespenster,
die es nicht gab.

Nun sind viele Jahre vergangen.
Ich sehe keine Gespenster mehr.
Ich wache nur noch selten auf in Panik.

Die Angst ist nicht weg,
sie hat sich verändert.
Alles,
was mich jetzt vor Angst zittern lässt,
versteckt sich nicht mehr in Illusionen.

Ich habe erfahren,
Angst ist vererbbar.
Sie überträgt sich wie ein böser Virus,
der schleichend kommt
und welchen man stets mit sich trägt.

Blindes Leid.

Angst hat viele Gesichter.
Angst macht müde,
Angst macht krank.
Angst ist gemein.
Angst macht Angst.

WEISST DU NOCH?

Weißt du noch, als die Stadt so laut war,
dass wir unsere eigenen Worte nicht mehr verstehen konnten,
als unsere Augen sämtliche Kommunikation übernahmen
und es anfing zu regnen?
Das war der Moment, an dem ich aufhörte zu hoffen
und begann zu glauben.

DEINE ART

Lass' mich dir sagen,
dass deine Art zu reden
faszinierend ist.
Der Klang deiner Stimme,
dein ungehaltenes Lachen,
deine tröstenden Worte.

Deine Sprache heilt
und umhüllt mich
wie eine warme Decke.

Selbst wenn du nichts sagst
und mich nur ansiehst,
sprichst du zu mir
und erzählst mir die schönsten Geschichten,
von denen ich nie zu träumen wagte.

Du nimmst mich mit in einen bunten Wald
verziert mit Blumen und Lichtern,
Girlanden und Leben.

Bitte lass' deine Sprache mich weiterhin verzaubern.
Ich brauche deine Worte,
um meine oft zu dunklen Nächten
wieder zu erhellen.

EINES TAGES

Eines Tages wird mein Himmel
unser fester Boden sein
und sich jeder unserer Schritte
wie Fliegen anfühlen.
Dann kann uns nichts mehr halten,
nichts mehr verlassen.

Es wird sich leicht anfühlen,
zu lieben,
zu leben,
so wie das Atmen,
wenn der Frühling beginnt.

Eines Tages werden meine Sorgen
uns nicht mehr bedrängen
und sich deine Angst
in Luft auflösen.

Es wird so sein,
als hätte es nie etwas gegeben,
das sich je anders angefühlt hat,
als das reine Glück
in jenem Moment.

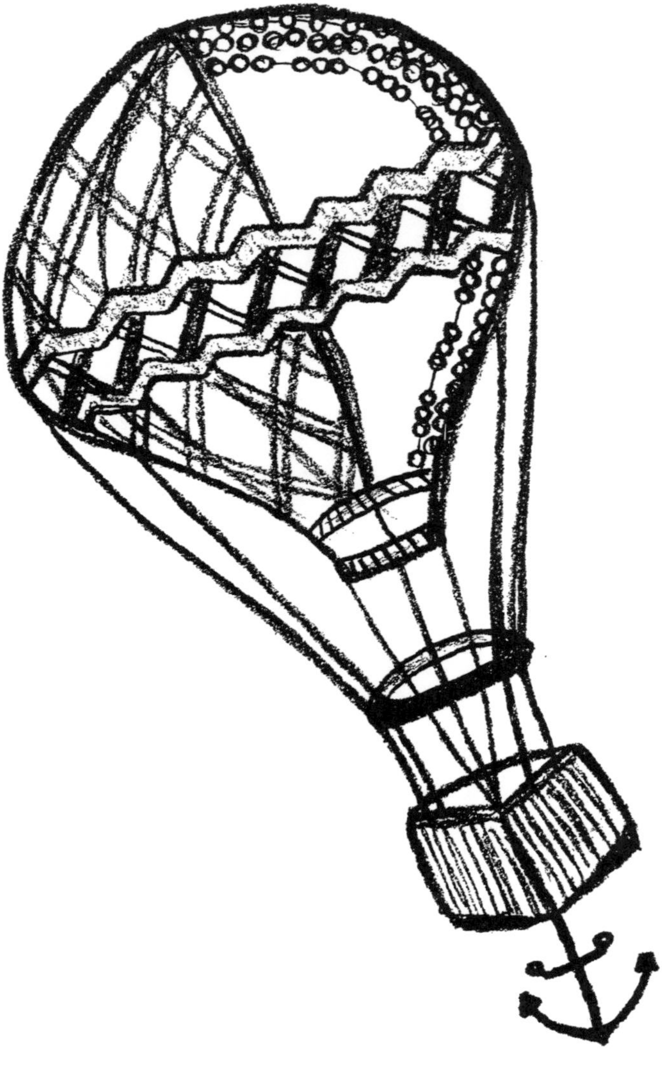

22

AN DIESEM FENSTER

Ich sitze hier an diesem Fenster.

Das mache ich immer.

Ich beobachte die Wolken,
wie sie den Himmel verzieren,
verdecken,
was wir nicht sehen sollen.

Berge verschwinden,
kommen wieder
und alles ist im ständigen Wandel.

Es entgeht mir nichts.

Ich könnte stundenlang hierbleiben
und einfach nur schauen,
wie sich die Welt ganz von selbst weiterdreht.

Nichts muss ich dazu beitragen,
um doch ein Teil von ihr zu sein.

FINDE ES

Da ist eine Wand,
die sich schließt,
immer dann,
wenn wir nicht darauf hören,
was uns unser Inneres versucht zu lehren.

Da ist eine Wolke,
groß und schwer,
die uns das Licht verwehrt,
immer dann,
wenn wir uns von der Dunkelheit führen lassen.

Da ist ein Weg,
der uns weiterführt,
immer dann,
wenn wir dazu bereit sind,
unsere Augen offen zu halten,
auch wenn sie schwer
und müde sind.

Da ist ein Licht,
hell und klar,
immer dann,
wenn wir uns aus den Gärten befreien,
die vorher noch undurchdringbar wirkten.

Da ist Leben,
Hoffnung
und Liebe,
immer dann,
wenn wir es schaffen,
unsere Feinde fliehen zu lassen
und Narben nicht zu heilen,
sondern mit uns leben zu lassen.

ICH WÜNSCHE DIR...

Ich wünsche dir einen Traum,
der dich durch die Nacht begleitet,
dich voller Vorfreude einschlafen lässt
und dich am Morgen bestärkt,
dich auf die Nacht zu freuen.

Ich wünsche dir,
dass du durch bewegende Märchenwälder fliegst,
Abenteuer erlebst
und dich sicher fühlst,
jedes Mal,
wenn du deine Augen schließt
und diese Welt verlässt.

Ich wünsche dir einen Traum,
der dich fesselt,
sanft umarmt,
deine Stirn küsst
und dich behütet,
immer für dich da ist,
dich niemals verlässt.

WANN WACHST DU AUF?

Du bist da,
um da zu sein
und nicht nur,
um so zu tun,
als ob.

GEBOREN

Ich nehme meinen Stift
und schreibe auf,
was ich gerade denke.

Ich habe Angst zu vergessen,
dass ich einmal so gefühlt habe,
wie jetzt.

Nicht,
weil es besonders schön ist,
nein,
sondern damit ich weiß,
dass es auch Zeiten gab,
in denen ich verloren war,
und ich an dem Tag,
an dem ich mich wieder finde,
dies auch wirklich zu schätzen weiß.

Ich glaube,
wir werden geboren
und werden in Windeseile zu einem individuellen Ort,
welcher wie ein weißes Blatt Papier darauf wartet,
mit Geschichten gefüllt zu werden.

Auf unserem Weg erleben wir
und erzählen unseren Gedanken davon,
tragen Erinnerungen wie kitschige Aufkleber mit uns herum,
bis sie irgendwann ihre Haftung verlieren
und nicht mehr halten.

Dann beginnen wir zu sehen,
zu erkennen,
was um uns herum passiert
und uns dem anzupassen.

Das ist der Moment,
der sich für immer auf unser Leben auswirkt.

Wenn wir nur damals gewusst hätten,
dass es keinen Sinn ergibt,
zu versuchen,
so zu sein,
wie man nicht ist.

Was hätten wir uns vielleicht alles erspart
und wo wären wir heute?

Ich nehme mein Blatt Papier,
lege den Stift zur Seite,
gehe zum fast erloschenen Feuer
und werfe meine Notizen in die übrig gebliebenen Flammen,
um zu vergessen,
dass ich heute weiß,
dass es gestern gab
und mein Morgen veränderte.

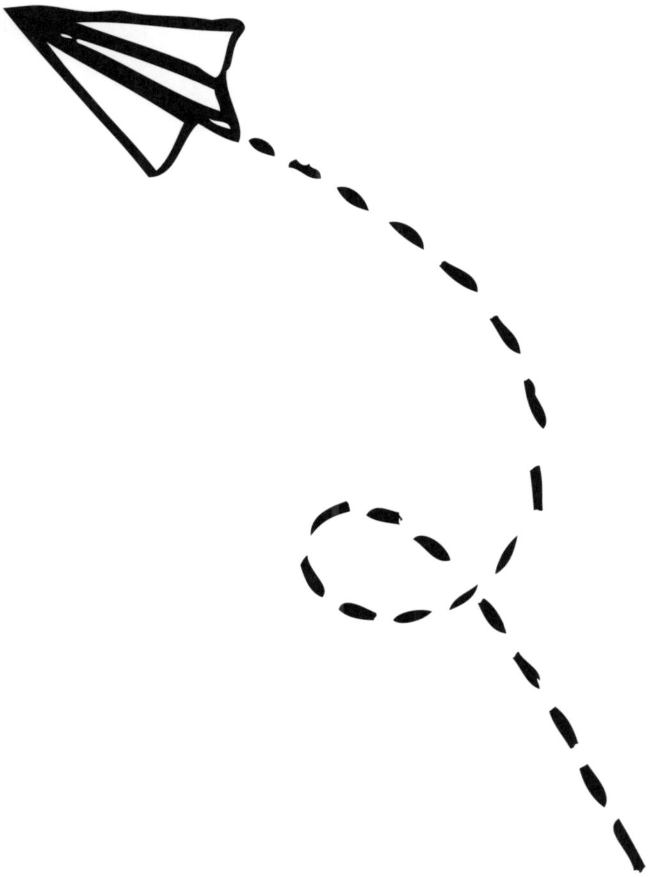

WIE IM FILM

Ich kann es kaum fassen,
zu lange ist es her,
dass du mir in meine Augen geschaut
und dabei ohne etwas zu sagen,
tief mein Innerstes berührt hast.

Deine Art zu leben ist für mich wie ein kitschiger Film,
der mit dir in der Hauptrolle die höchste Anerkennung verdient.

Das Drehbuch dazu schreibst du selbst,
veränderst es jeden Tag
und setzt dir selbst keine Grenzen.

Das Ende ist offen,
dein Weg ist völlig ungeplant,
geschieht so,
wie der Wind dich dreht.

Ich stehe hier und bewundere dich,
ohne zu begreifen,
was genau es ist,
das mich verfallen lässt in diese Rolle,
die ich niemals spielen wollte.

LAUTE MUSIK

Irgendwann wirst du verstehen,
warum ich meine Augen bei lauter Musik verschlossen habe
und weiter gerannt bin,
als das Leben jemand anderen aus dir machen wollte,
als den Menschen,
den ich einst in dir fand.

DEIN/MEIN LICHT

Deine Schritte sind laut,
deine Worte sind leise.

Ich höre nicht,
was du mir sagen willst,
doch ich sehe deine Kraft,
die dich noch nie verlassen hat.

Selbst in den dunkelsten Momenten
flackert ein Licht in dir,
welches ich zuvor noch bei niemand anderem gesehen habe.

Ich hoffe,
dass du dieses Licht nicht verlierst.
Es bringt deine Augen zum Leuchten,
immer dann,
wenn ich ein wenig Hoffnung brauche.

DAS VERSCHWINDEN DER STERNE

Fragst du dich manchmal,
ob du noch derselbe bist,
der du damals warst,
als wir uns trafen
und der Himmel noch unendlich weit war,
bevor die Wolken immer tiefer sanken
und die Sterne darin verschwanden.

WAS ICH EINMAL MEINEN KINDERN SAGEN WERDE

Lass dir sagen,
du hast genau das Leben verdient,
das du dir wünschst.

Kein Traum ist zu groß,
zu weit weg,
wenn er dich beflügelt,
dich motiviert,
dich mit Energie füttert.

Ehe etwas zu bereuen,
da du es nie gewagt hast,
stürze dich in Abenteuer,
riskiere immer wieder,
wachse über dich hinaus,
höre nie auf zu lernen.

Du bist ein Wunder
und du hast Wunder verdient.

Nur Menschen,
die dich so lieben,
wie du bist,
die erkennen,
wie einzigartig
und wundervoll du bist,
haben deine Freundschaft verdient.

Liebe ist das wichtigste im Leben.
Fürchte dich nicht davor,
sie zu geben
und sei offen dafür,
sie zu empfangen.

Du bist ein Wunder
und du hast Wunder verdient.

Sei stets bescheiden
und denke daran,
dass es viele Menschen gibt,
die gerne so wären wie du,
gerne da wären,
wo du bist
und realisiere,
dass sich alles zu jeder Zeit verändern kann
und wird.

Glaube an dich
und vergiss niemals,
dass es nur dieses eine Leben gibt.

Lebe es,
spüre es,
sei anwesend,
atme tief ein und aus,
lebe nicht in der Vergangenheit,
lebe nicht in der Zukunft,
lebe jetzt.

Du bist ein Wunder
und du hast Wunder verdient.

DU BRAUCHST MICH NICHT

Eines Tages wirst du mich ansehen
und verstehen,
warum ich dir damals sagte,
dass du mich nicht brauchst,
um zu wachsen,
wenn sich deine Augen in meinen spiegeln
und du erkennst,
dass ich dich in Wahrheit
niemals losgelassen habe.

DURCH DIE WÄLDER

Ich durchlaufe die Wälder,
fühle die Sonnenstrahlen auf meiner Haut,
sehe die Schatten der Bäume,
die mich davor beschützen,
in der Schönheit der Landschaft unterzugehen.

Ich schwebe durch das Laub,
fühle den Boden unter meinen Füßen kaum,
ich atme die Winterluft,
fliege durch meinen Tagtraum
und vergesse.

Ich vergesse meine Hülle,
kann sie nur noch erahnen,
als der Staub auf meiner Haut sich löst
und wie Goldstaub durch die Wälder fliegt.

ICH ERINNERE MICH

Ich erinnere mich noch gut an deine Worte
und die Wirkung,
die sie auf mich hatten.
Ich stelle mir vor,
wie sich das Leben damals für dich angefühlt hat
und wie deine Welt aussah,
bevor ich ein Teil von ihr wurde.

Hast du dir in Gedanken bunte Bilder ausgemalt
und bist mit mir gemeinsam die weitesten Wege gegangen,
noch bevor du jemals meine Hand hieltest?

Ich erinnere mich noch gut an deine Stimme
und die Wirkung,
die sie auf mich hatte.
In deinem Klang konnte ich eintauchen
und mich geborgen fühlen.

Ich stelle mir vor,
wie du geklungen hast,
bevor wir das erste Mal miteinander sprachen
und frage mich, ob du vielleicht schon damals wusstest,
dass es deine Worte sind,
die mich aus den tiefsten Tälern ziehen.

GLÄSERNES SCHLOSS

Ich trage ein gläsernes Schloss
an meinem Herzen.
Ab und zu,
wenn der Winter zu lange dauert,
kommen Winde und versuchen es loszureißen.
Doch ich habe sie alle überstanden,
alle Naturgewalten,
die das Leben mir zumutet
und weiß nun,
nichts kann es mehr erschüttern,
dieses mich schützende Schloss
an meinem Herzen.

GLEICH WEIT UND NAH

Vielleicht weiß ich jetzt noch nicht,
wohin ich gehe
und was das Ziel sein wird.

Ich werde es wissen,
wenn ich da bin
und keine Fragen mehr offen sind,
hinter mir und vor mir die Welt gleich weit
und nah erscheint,
der Himmel und der Boden mich halten
und Nacht und Tag fließend ineinander übergehen.

Es wird ein wenig dauern,
deshalb habe ich Proviant dabei,
welches meinen Geist füttert,
wenn ich mal gedankenlos sein sollte.

Auf meiner Karte ist kein Weg eingezeichnet,
alles sieht gleich aus und nichts ist zu erkennen,
das Einzige,
was mich führt,
ist mein Wille zu finden.

Manchmal werde ich mich verlieren
und meistens werde ich mich finden,
niemals werde ich nicht wissen,
wie es weiter geradeaus geht.

Vertrauen ist fest unter meinen Füßen verankert
und wird mit jedem Schritt mehr gefestigt.
Ich bin mein treuster Begleiter,
kann mir helfen,
wenn ich rastlos bin.

Ich weiß nur jetzt noch nicht,
wohin ich gehe und was mich am Ziel erwartet.

IN DIESER NACHT

Im Flackern des Lichtes liege ich hier in dieser Nacht,
die mir unendlich still vorkommt.

Wie ein Stein liege ich auf dem Boden,
einfach so,
ich vergesse meine Hülle,
höre nur meine Gedanken.
Sie erzählen mir Geschichten von morgen,
die ich heute nicht verändern kann.

Eingehüllt in einer Decke,
fühle ich mich geborgen bei mir selbst,
denn nur ich kann verstehen,
was in dieser Nacht geschieht.

Vielleicht ist es nicht so kompliziert,
wie ich es empfinde,
doch ich wäre nicht zufrieden,
wenn es einfach nur ist,
wie es zu sein scheint.

Es muss noch mehr geben,
als das,
was ich bisher kenne,
doch bis ich dahin gelange,
bleibe ich hier liegen,
allein mit meinen Gedanken in der Stille dieser Nacht
und dem Flackern des Lichtes,
welches tapfer über mir brennt.

IN EINEM ANDEREN FRÜHLING

Manchmal begegnen uns Menschen,
die wir vorher nicht kannten,
und doch kommen sie uns so vertraut vor,
als hätten wir ihren Glanz in den Augen
schon einmal gesehen,
und das Licht,
welches sie umringt,
schon einmal in einem anderen Frühling
auf unserer Haut gespürt.

MEIN IMAGINÄRER KRIEG

Ich habe
verloren einen Kampf,
den ich nie geführt habe.
Die Armee aus Soldaten,
die ich bekämpfte,
mit der Kraft aus der Tiefe meiner eroberten Liebe,
ist in Wahrheit nur eine Illusion.

Warum fühle ich mich so ausgelaugt,
mit Narben übersehen
und traumatisiert von einem Krieg,
der mir nunmehr wie ein niederschmetternder Traum erscheint?

Alles,
das ich gesehen habe,
das Ziel,
meine Errungenschaft,
alles gleitet dahin,
löst sich langsam auf
und verschwindet hinter den Wolken dieser Zeit.

Vielleicht sollte ich noch höher fliegen,
noch weiter den Berg erklimmen,
um bei meinem Fall aus unmessbarer Höhe auch wirklich zu verstehen,
dass das Leben nur Sinn macht,
wenn man lernt,
es mit all seinen schmerzhaften Wahrheiten zu lieben.

MANCHER WINTER BLEIBT FÜR IMMER

Das Wasser war einst so rein.
Klarer,
kälter und sicherer,
als ich es je kannte,
ehe der Winter kam und die Eisschicht seither
selbst bei hellstem Sonnenlicht nicht mehr auftaute.

Sie sagen,
mancher Winter bleibt für immer,
doch ich bevorzuge den Frühling in dir,
wenn dein Lachen klingt wie das Singen der Vögel am frühen Morgen
und jeder Tag noch kostbarer erscheint,
als der vergangene.

IN MEINEM MÄRCHEN

Die Leute sagen,
ich lebe in meiner eigenen Welt,
dass ich oft nicht anwesend bin,
einfach so verschwinde,
doch was sie nicht verstehen, ist,
dass ich in meinem eigenen Märchen die Sicherheit finde,
die mir diese Welt nicht bieten kann.

MEINE ERINNERUNG AN DICH

Es vergeht kein Tag,
an dem ich vergessen kann.
Es fängt immer wieder von vorne an.
Und wird es auch manchmal noch schmerzhaft sein,
muss diese Erinnerung für immer bleiben.

Ich lasse sie nicht los,
auch wenn sie manchmal will,
wird es draußen leise,
so bleibt es in mir still.

Meine Erinnerung an dich,
sie ist beständig und fest,
ich möchte sie ewig halten,
wenn sie mich nur lässt.

Sie ist mein jetzt,
sie ist mein für immer,
versuchte ich einst zu vergessen,
so wurde es nur noch schlimmer.

Dein Leuchten wird bleiben,
denn ich erinnere mich an dich,
mögen auch Jahre vergehen,
bleibt dies dein kostbarstes Geschenk an mich.

50

LÄRM

Diese Welt ist nur so laut,
weil in dir keine Stille lebt.

SEE AN EINEM REGENTAG

Ein tiefer Zug im eisklaren See
durch schillernde Lichter.

Die Augen öffnen,
sich trauen,
zu hören,
die berauschende Stille.

Sich wagen,
zu leben,
zu spüren,
zu frieren.

Warum sind wir da,
wenn wir nicht da sind,
wenn wir vergessen
zu leben?

53

NICHT IM EINKLANG

Wenn man bedenkt,
dass nun alles anders ausschaut,
als es zu Beginn noch wirkte,
in seinen bunten Farben,
ausgeleuchtet mit strahlenden Girlanden
und unberührt wie die höchsten Berge,
die es sich keiner wagt,
zu besteigen,
dann ist es fast schon unglaublich,
dass sich von heute auf morgen das Blatt wenden kann,
wenn der Regen die hässlichen Seiten zum Vorschein bringt,
die zuvor niemand erahnen konnte.

Es ist ungewohnt,
die Klänge zu hören,
die in meinen Ohren unangenehm wirken,
weil sie nicht annähernd das erzählen,
was ich doch eigentlich hören wollte.

Es ist nun so,
dass die Geigen nicht im Einklang mit meinem Herzschlag spielen,
sie ziehen leise an mir vorbei,
während ich hastig hinterherlaufe.

Wenn man bedenkt,
dass alles hätte so gut werden können,
viel besser noch,
als ich es zu Beginn erwartete,
dann zeigt mir die Vergangenheit nun,
dass es nicht möglich ist,
mit dem bloßen Verstand,
dieses Leben zu begreifen.

DANK DIR

Dank dir
bin ich niemals heimatlos.

Du scheinst wie ein Leuchtturm aus der Ferne.

Wenn ich zu hoch fliege,
zeigen mir deine Warnlichter,
auf den hohen Häusern dieser Stadt,
wo ich sicher landen kann.

Bin ich zu weit geschwommen
und die Nacht holt mich ein,
bist du das Rettungsboot,
das mich ans Ufer bringt.

Dank dir
bin ich niemals heimatlos.

Dank dir
finde ich immer wieder nach Hause.

NIEMALS HEIMATLOS

Kühler wehen die Winde,
seitdem die Sonne verschwunden ist in diesem Tal,
welches ich einst mein Zuhause nannte,
bevor ich begriff,
dass ein Ort kein Gefühl auslöst,
hielten mich die Häuser
und Berge wie ein Anker fest am Hafen.

Nun,
wo ich weiß,
dass ein sicheres Dach nur ein Gefühl sein kann,
laufe ich ein wenig freier
und falle ein wenig sanfter,
denn ich weiß,
dass nur ich selbst mein Zuhause bin,
und solange ich mich nicht selbst verlier',
werde ich niemals heimatlos sein.

EIN GUTER TAG

Vorhin bin ich aufgewacht
und habe gemerkt,
dass ich glühe
von innen.

Ein Blumengarten mit singenden Vögeln
und tanzenden Schmetterlingen lebt in mir.

Heute bin ich ein guter Gastgeber für Glück.

Meine Fenster haben keine Vorhänge,
das Licht strahlt direkt in mein Gesicht,
dringt durch meine Haut,
streichelt mein Herz.

Heute ist es schön.
Heute ist es einfach zu atmen
und heute kann ich endlich wieder spüren
und daran glauben,
dass dieses Leben glänzen kann.

JETZT

Dadurch,
dass es früher anders war,
als es jetzt ist
und ich nicht weiß,
wie es irgendwann einmal sein wird,
ist alles,
woran ich denken will,
nur dieser Augenblick.

EINE HAND ZU HALTEN

Das Ziel ist es immer,
einen Weg zu finden,
sich selbst zu retten,
hochzuziehen,
wenn man feststeckt,
sodass man irgendwann die Freiheit besitzt,
eine Hand zu halten,
ohne sie zu brauchen.

PERSPEKTIVEN VERÄNDERN

Ja, es ist derselbe Ort.

Ich erkenne die Umgebung, Häuser,
Geräusche von den benachbarten Straßen, Gesichter,
und doch sehen die Berge anders aus,
verschleiert in einem Wolkenbett,
weiß und noch weiter entfernt
als je zuvor und das beweist mir,
dass es nicht darauf ankommt,
Orte zu wechseln,
sondern Perspektiven zu verändern.

SONNENLICHT

Immer,
wenn mich ein Sonnenstrahl kitzelt,
habe ich das Gefühl,
dass du es von da oben bist,
der mir zulacht.

SCHUTZ

Während du versuchst,
dich zu schützen,
indem du dein wahres verletzliches Wesen vor mir versteckst,
laufe ich los und suche nach dem Licht,
das dich erwärmt
und dir die Angst davor nimmt,
etwas zu verlieren,
das du in Wahrheit niemals brauchen wirst,
um vollständig zu sein.

WACH AUF

Wach auf,
öffne die Augen,
atme tief durch,
heute ist ein neuer Tag,
an dem du alles verändern kannst,
was dich nachts schwer einschlafen lässt.

Steh auf,
geh vor die Tür,
empfinde diese Welt
als deine Chance,
ein Leben zu leben,
das dich erfüllt.

Nur du selbst
kannst dir diesen Traum erfüllen.
Nur du selbst
kannst dich retten,
wenn sie versuchen,
in dir jemanden zu sehen,
der du die in Wahrheit niemals sein wirst.

Es ist Zeit,
noch so viel Zeit.

Vielleicht aber auch nicht.

SEIFENBLASE

Wir befinden uns in einer Seifenblase,
sehen die Außenwelt verschwommen,
doch unsere Welt ganz klar und deutlich,
wir fühlen uns behütet,
gefangen,
schwerelos,
und lassen uns durch die Luft treiben,
in der Hoffnung,
niemals in einen Sturm zu geraten
und von jetzt auf gleich unser Zuhause zu verlieren,
zu fallen und wieder allein zu sein,
zu zweit,
in einer fremden Welt.

STELL DIR VOR

Stell dir vor,
du könntest dieses Leben von heute auf morgen
nur noch farblos betrachten.

Alle Farben,
die dir vorher Orientierung geschenkt haben,
sind plötzlich weg,
und selbst die ersten Blumen im Frühling
sehen durch deine Augen nur noch grau aus.

Die Sonne würde scheinen,
doch der Effekt auf den Feldern würde verloren gehen,
jeder Sonnenuntergang sähe aus
wie der vorherige,
und alles Visuelle würde seinen Reiz verlieren.

Würdest du dann beginnen,
endlich zu fühlen?

SOMMERREGEN

Irgendwo da draußen im Sommerregen
habe ich dich gesehen.

Weißt du noch,
wie du mich angelächelt hast?
Ich konnte die verschwundenen Sonnenstrahlen
in deinen Augen wiederfinden.

Pfeifend liefst du durch die Straßen,
während der erste Regenbogen am grauen Himmel
seinen Platz fand.

Du sahst wie ein Tänzer aus,
der kurz davor stand,
seine schönste Performance darzubieten.

Ich konnte es kaum erwarten,
auf dich zuzugehen,
ein Teil von deinem Weg zu sein.

Meine Hoffnung war groß
und die Überraschung noch viel größer,
als du mir deine Hand gabst
und mich mitnahmst in deine eigene Welt.

So prachtvoll und lebensfroh
habe ich dieses Leben noch nie
betrachtet,
wie mit dir an meiner Seite.

Ich danke dir,
Sommerregen,
dass du da warst im richtigen Moment,
um zusammenzuführen,
was zusammengehört.

WAS WÄRE WENN

Was wäre,
wenn es dich nicht gibt
und wir an etwas glauben,
das wir nie erleben werden?

Was ist,
wenn wir nach dir suchen
und unsere Sehnsucht nie gestillt werden kann,
weil du nur eine Illusion bist?

Was ist,
wenn wir mit allem außer dir
nicht glücklich sein können,
weil wir an dich glauben,
obwohl du vielleicht nicht existierst?

Was ist,
wenn es dich doch gibt
und wir dir irgendwann ganz unverhofft begegnen?

TAGTRÄUME

Ich stand hier eine Weile,
ehe ich verstand,
dass alles,
was ich sah,
nur in meinem Kopf stattfand,
und ehe ich zurückkehrte,
um wieder klar zu denken,
schaute ich noch einmal zurück
und ließ mich

- ein letztes Mal -

von meinen Tagträumen lenken.

SELBST DER HIMMEL

Die Sterne lagen am Boden.

Ich weiß nicht,
wie es passiert ist.

Gerade stand ich noch am Fenster
und habe sie am Himmel hoffnungsvoll funkeln sehen,
doch ehe ich kurz die Augen schloss,
um die Luft der Nacht noch etwas tiefer einzuatmen,
waren sie nicht mehr da,
wo sie sein sollten,
und ich frage mich gerade,
auf was ich mich noch verlassen kann,
wenn selbst der Himmel nicht mehr hält,
was er verspricht.

ZWEI JAHRESZEITEN

Die Monate verfliegen wie im Nichts,
und doch zähle ich jede Sekunde.
Ich blicke raus und sehe Menschen,
die an mir vorbeiziehen,
und doch nehme ich sie nicht wirklich wahr.

Ich bin da,
und doch bin ich es nicht.

Ich fühle mich wie der Herbst
und auch ein wenig wie der Winter.

VON HIER OBEN

Von hier oben schaut alles so leicht aus.
Es scheint fast so,
als würde es das Tal der überschwemmenden Sorgen
nicht mehr geben.

Es kommt mir vor,
als könnten meine Worte sich hier oben neu ordnen
und endlich klärende Sätze ergeben,
die mich in meinem eigenen Rätsel weiterbringen.

Stück für Stück nähere ich mich der Antwort,
die sich derzeit noch in den undurchdringbaren Wolken verbirgt.
Von hier oben atme ich die Luft ein,
die mein Herz endlich wieder schmerzfrei schlagen lässt.

WELLEN

Es geht,
bevor es bleibt,
es verwischt ins Leere,
und doch weiß man,
es war da,
das wird es immer sein.

Ich dachte einst,
der Sand wäre die Basis,
der Grund,
der das Wasser frei sein lässt.

Jetzt sind es die Wellen,
die den Sand mitreißen,
ihn lösen
von seiner Dunkelheit,
ihm zeigen,
wie das Licht an der Oberfläche des Sees
alles verändert.

VERGESSEN LOSZULASSEN

Es ist eigenartig,
doch manchmal vergessen wir, loszulassen.

Wir sind schon solange unterwegs,
dass wir gar nicht mehr darauf achten,
was wir alles mit uns herumtragen.

Wir wundern uns,
warum wir uns so schwer fühlen,
warum sich jeder Schritt anfühlt wie ein eigener Kampf,
bei dem man nicht weiß,
wer am Ende siegt.

Unsichtbares Gepäck lauert auf unseren Schultern
und wir vergessen,
dieses unterwegs abzuwerfen,
hinter uns zu lassen
und nie wieder zurückzublicken.

Vielleicht, weil wir verdrängen,
dass wir Angst haben loszulassen,
lieber vergessen,
und blindäugig auf ein instabiles Ziel zulaufen.

Es ist eigenartig,
wie wir funktionieren,
wie wir glauben, funktionieren zu müssen,
und wie wir uns selbst ignorieren,
so lange,
bis jemand aus der Ferne ruft und fragt,
ob dieses schwere Gepäck hinter dem Hügel zu uns gehört
und wir keine andere Chance mehr sehen,
als loszurennen,
schneller
und weiter,
als je zuvor,
um endlich nicht mehr zu vergessen,
loszulassen.

VERTRAUEN

Und dann steht da diese Frage im Raum,
wie sehr ich mir in Wahrheit selbst vertraue.

Umringt von all den Köpfen,
die gerade in einer anderen Laufbahn schweben
und die Worte in meinen Gedanken verdrehen.

Wo ist mein Ursprung,
was ist meine Vision,
und in inwiefern kann ich so leben,
dass ich ohne Kompromisse mir selbst gehöre?

Ich höre ihre Schritte in meinem Treppenhaus,
wie sie immer schneller und fester werden
und frage mich,
wann sie endlich ankommen,
um mich wieder und wieder zu beeinflussen.

In dieser Zeit stehe ich an der Tür
und warte,
in der Hoffnung,
dass ich in meinem eigenen Spiegelbild die Lösung finde.

Gestern erst war ich mir sicher,
dass mein Boot die andere Seite des Sees
auch ohne Wind erreichen wird.
Schließlich ist der Kapitän kein geringerer,
als mein eigener Verstand.

Doch was ist ein Verstand schon wert,
wenn er nicht mehr von einer Hülle geschützt wird,
sondern der endlosen Tiefe des Gewässers hilflos ausgeliefert ist?

HALT MICH NOCH EINMAL

Diese Stadt ist nicht
dieselbe ohne dich.
In meinen Erinnerungen
lauf ich mit dir.

Am Fenster Kaffee trinken
ist nicht dasselbe ohne dich.
Der Kuchen schmeckt nur
halb so gut.

Man sagt Herzen brechen,
das tut man nicht,
doch nur im Dunkeln
findet man Licht.

Halt mich.
Oh, halt mich.
Oh, halt mich noch einmal.
Bis ich sehen kann,
dass ich gehen kann
und dass du weißt,
ich komme zurück.

Schlechte Filme schauen
ist nicht dasselbe ohne dich.
Die Zeit vergeht nur
halb so schnell.

In Bars das Leben feiern
ist nicht dasselbe ohne dich.
Der Whiskey wirkt nur
halb so gut.

80

Man sagt Herzen brechen,
das tut man nicht,
doch nur in Scherben
findet man Glück.

Halt mich.
Oh, halt mich.
Oh, halt mich noch einmal.
Bis ich sehen kann,
dass ich gehen kann
und dass du weißt,
ich komme zurück.

Du sagst, Liebe sei
bedingungslos,
dass du nicht wusstest,
wie's mir geht.
Du sagst, du glaubst, ich
lass dich jetzt los.
Du weißt wohl nicht,
wie Liebe geht.

Halt mich.
Oh, halt mich.
Oh, halt mich noch einmal.
Bis ich sehen kann,
dass ich gehen kann
und dass du weißt,
ich komme immer zurück.

Ein Liedtext aus dem Album „Wenn man nichts mehr vermisst"

81

WAS ICH WIRKLICH BRAUCHE

Und wenn der Regen niederfällt auf alle meine Güter,
dann soll er es tun,
mit vollem Tatendrang
und ohne Rücksicht auf Verluste,
denn ich bin mir sicher,
dass alles,
was am Ende übrig bleibt,
das sein wird,
was ich in Wahrheit wirklich brauche.

GESUCHT UND GEFUNDEN

So lang hab' ich gesucht
und mich gesehnt nach jemandem,
der mich trägt,
mich stets auffängt,
wenn ich drohe zu fallen.

Und ja,
ich habe sogar jemanden gefunden,
der all das für mich tut
und noch viel mehr.

Die Suche war lang,
sie war steinig
und herje,
was war ich nur blind.

Dieser Jemand,
nachdem ich immer schon suchte,
war immer schon da,
denn dieser Jemand war immer schon

ICH.

AUF WILDEN FELDERN

Einst weiltest du,
so zerbrechlich
und rein,
auf wilden Feldern,
umgeben von Sternenlicht
und leichten Winden,
gefangen in einer Illusion,
dass die Sonne nur untergeht,
um zu rasten.

Es geschah nur selten,
doch manchmal stiegen Wolken auf,
die so schwer
und schmutzig waren,
dass sich von Mal zu Mal alter Staub niederließ
und heimtückisch seinen Weg ins Innere deines Feldes erschlich.

Die Tage wurden kürzer,
die Nächte länger,
die einst lieblichen Klänge der Natur erstickten in ohrenbetäubender Stille
und verschwanden dann ganz,
so, als seien sie nie da gewesen,
so, dass man sich nicht einmalmal mehr
an ihre Melodien erinnern konnte.

Du versuchtest, Stücke zu finden,
welche dich in die schwerelose Zeit zurückbringen würden,
doch jeder Versuch verpuffte in der mittlerweile grauen Welt,
wie einst der Traum,
etwas zu finden,
das es in Wahrheit nie gab.

HEILEN

Wir fühlen uns nicht gehört,
also sprechen wir lauter,
irgendwann schreien wir,
ehe wir ganz leise werden,
man uns kaum noch hören kann,
wir verstummen.

Wir fühlen uns nicht gesehen,
also verändern wir uns,
werden exzentrischer,
größer,
ehe wir aus dem Licht treten,
uns verstecken,
unsichtbar werden.

Wir fühlen uns nicht geliebt,
also werden wir fordernder,
bieten mehr,
opfern uns auf,
ehe wir schwächer werden,
erschöpft auf dem Boden liegen,
heilen.

86

LUFTBALLON

Wie ein Luftballon,
der nie losgelassen wird,
dazu bestimmt ist, zu fliegen,
niemals die Wolken berührt.

87

WIE SIE DIR ZUWINKT

Und dann siehst du sie gehen,
mit nicht mehr
als einem Beutel voller Erinnerungen,
wie der Wind durch ihre Haare weht,
sie das große Schiff betritt
und dir zuwinkt,
ehe sie eins mit den tiefen Wellen des Ozeans wird.

Bevor dir eine Träne entwischt,
kannst du im Wind hören,
wie sie zu dir spricht
und dir sagt,
dass sie immer wieder hierher zurückkehren wird,
an den Ort,
an dem sie nach einer langen Reise wieder das findet,
was sie gestern zurückgelassen hat.

88

NIEMALS EINSAM

Solange du immer für dich da bist,
dir zuhörst,
auf dich achtest,
deinen Wert erkennst,
dich schützt,
dich öffnest,
solange wirst du niemals einsam sein.

WUNDER

Es passieren Wunder,
manchmal erlebst du sie,
meist nur das Ende,
wenn du dich fragst,
warum du sie so lange nicht sehen konntest,
die Wahrheit
nach der unerwarteten Wende.

MEDIZIN

Wenn du aufhörst zu lieben,
wirst du aufhören zu leben.

Liebe ist das alleinige Mittel,
zu heilen,
der einzige Weg,
zu schlichten.

Wenn dein Herz nur schlägt,
um im Takt zu bleiben,
wird es irgendwann verstummen.

Hör' auch auf dein Herz,
wenn es leise schlägt.

SCHADE, DASS ICH DICH NICHT HALTEN KONNTE

Liegt es an meiner Wahrnehmung
oder steht dieser Ort wirklich in Flammen?
Ich renne durch die Gassen,
Rauch steigt aus den Häusertüren hervor
und die Menschen um mich herum
stehen still.

Der Zeiger der Uhr tickt nicht mehr
und ich verstehe nicht:
Liegt es an meiner Wahrnehmung
oder hat diese Welt gerade
aufgehört zu drehen?

Ich dachte,
ich hätte dich gesehen,
gestern,
als ich durch die verlassenen Gassen gegangen bin
und nur die
Weihnachtslichter am Himmel geleuchtet haben.

Du saßt an einem kleinen Tisch vor diesem Café
und last ein Buch,
als meine Augen mich für einen Moment lang täuschten
und mir weismachen wollten,
dass du doch noch da bist
und dein Verlassen nur ein schlechter Traum war.

Wie schade,
dachte ich mir,
- als mein Herz für einen Moment lang still stand -
dass ich dich nicht halten konnte.

ZUHAUSE

Ich möchte ein Zuhause in mir finden,
meine Koffer auspacken
und für immer bleiben.

Ich möchte beschützt sein,
nicht suchen müssen,
immer sicher sein,
einen Ort zu haben,
an den ich zurückkehren kann.

Ich möchte ein Garten sein,
der die schönsten Blumen beherbergt
und in dem große Bäume ihre Wurzeln schlagen.

Ich möchte in mir wohnen,
niemals heimatlos sein,
wenn ich reise
und niemanden kenne,
der mich kennt.

94

Ich möchte mein Zuhause sein,
kommen und gehen,
wann ich möchte,
in einem Haus ohne Schlüssel,
an einem Ort,
den nur ich kenne,
der sich mit mir verändert,
immer bleibt.

RASTLOS

Ich bin rastlos,
also fange ich an zu laufen.

Ich laufe
und laufe,
doch ohne Ziel
werde ich nirgends ankommen.

Stillsitzen,
das kann ich auch nicht,
also laufe ich weiter.

Ich laufe
und laufe,
und laufe...

INNERE STIMME

Wenn deine innere Stimme
plötzlich eine andere Sprache spricht,
du sie noch hörst,
aber nicht mehr verstehst,
dann ist es höchste Zeit,
gegen die endgültige Taubheit anzukämpfen.

Sei nicht der,
der nur noch eine Stimme ist,
nur noch das spricht,
was er spricht.

Sei viel mehr,
sei zu weit,
denn ohne Bauch,
kommt der Kopf nicht weit.

WIE WIR WIRKLICH SIND

Was wäre, wenn wir nicht mehr versuchen,
uns zu verändern?

Was wäre, wenn wir unsere Schwächen
nicht mehr als Fehler betrachten,
sondern als Besonderheiten schätzen?

Was wäre, wenn wir so bleiben,
wie wir sind,
weiter gehen,
wenn uns jemand gewaltvoll formen will,
erst dann stehen bleiben,
wenn uns jemand begegnet,
der uns so liebt,
wie wir wirklich sind?

IN MEINEM GEIST

Ich bin gefangen in meinem Geist.
Manchmal vergesse ich,
dass es mich wirklich gibt.

Ich denke,
doch empfinde nichts.

Meine Welt sind Worte,
keine Berührungen.

Ich hab vergessen,
wie sich die Sonne anfühlt,
während ich im Regen spaziere
und meine Gedanken ausführe.

RADIKAL

Dein Lächeln ist radikal.
Es löscht in einer Sekunde
meine gesamte Vergangenheit aus.

Es nimmt mir jegliche Kraft
in meinem Körper,
raubt meine Luft,
lässt mich schweben.

Es kommt ganz plötzlich
und bleibt noch lange,
wenn sich deine Lippen
schon längst wieder normalisiert haben.

Dein Lächeln ist furchtlos,
direkt,
und kennt keine Gnade.
Hat man es einmal erlebt,
will man immer mehr.

VERÄNDERUNG

Man sagt,
der Mensch verändert sich mit der Zeit.

Der, den du liebst,
der, der du selbst bist.

Es fällt schwer,
zu akzeptieren,
wenn sich etwas verändert.
das dir einst gefallen hat,
wenn es dir aus der Hand gleitet
und du es nicht festhalten kannst.

Dann muss man lernen, loszulassen,
neu zu entdecken
und frei von Angst zu sein,
wenn eine neue Jahreszeit beginnt.

VERÄNDERUNG #2

In Wahrheit
wollen wir nicht verändert werden
und doch geliebt werden,
wenn wir selbst entscheiden,
es zu tun.

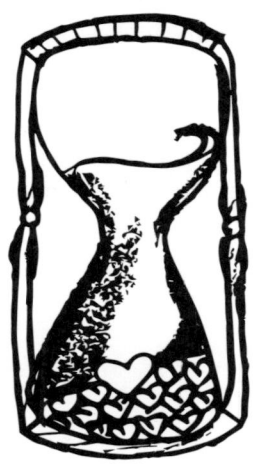

TREIBEN

Lass uns treiben ohne Ziel.
Es muss nicht immer Sinn ergeben,
um hilfreich zu sein.

Lass uns einfach mal still sein,
unsere Gedanken für uns sprechen lassen.

Ich möchte heute Zeit verlieren,
Leben gewinnen.

Lass uns träumen ohne Ziel.
Es muss nicht immer wahr werden,
wenn es sich für den Moment gut anfühlt.

Lass uns treiben ohne Ziel.
Ich möchte nicht mehr fallen,
wenn ich nicht fliege.

DU BIST JEMANDES LICHT

Wenn du es selbst nicht finden kannst,
suche ich das Licht in dir.

Du weißt gar nicht,
wie hell du bereits leuchtest,
und dass ich mich dank dir wieder orientieren kann.

Dein lautes Lachen ist so ehrlich,
dass ich deine Tränen vergesse,
und du mich an die späte Augustsonne erinnerst.

Geh nur weiter,
du wirst es schon finden,
wenn du weiterhin daran glaubst.

Alle Welt kann es bereits sehen:
das Licht in dir.

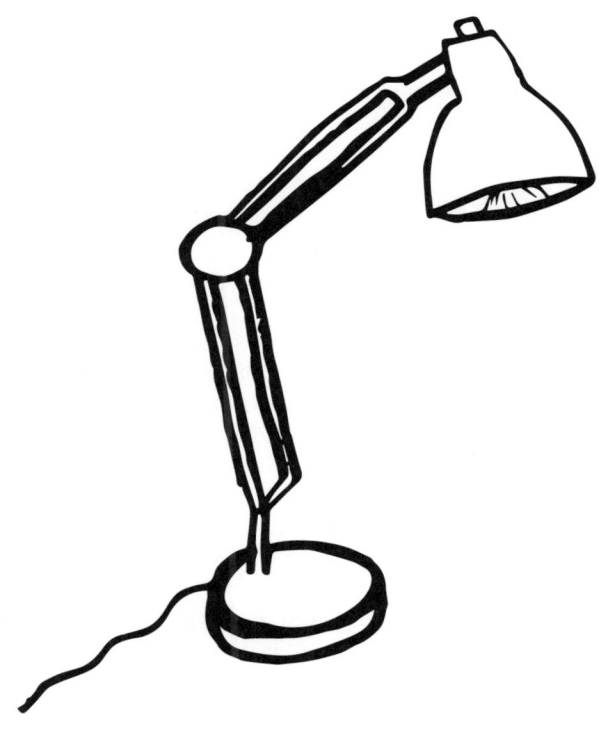

BEKOMMEN WIR DAS HIN

Versuch' es leicht,
doch werde zu schwer.
Immer wenn die Wolken mich verfolgen,
mich verfolgen.

Laufe schnell,
doch beweg' mich nicht vom Fleck.
Stecke fest und komm' nicht weg,
komme nicht weg.

Spring' über Pfützen
und falle meistens rein.
Hinter mir die Diebe,
klauen mir immer wieder Liebe.

Melancholie steht vor der Eingangstür.
Ich lass' sie rein,
sie soll mein Gast für eine Weile sein.

Nun, wo du weißt, wer ich bin.
Bekommen wir das hin?
Bekommen wir das hin?
Mit dir wär es nur halb so schlimm.
Bekommen wir das hin?
Bekommen wir das hin?

Ich wache auf
und träume von der Nacht.
Wo ist der Tag,
wo ist das Licht,
war alles eben noch da.
Dieser Blues bleibt für immer ein Teil von mir.
Ich dreh' ihn auf,
verlier' mich drin und applaudier'.

Nun, wo du weißt, wer ich bin.
Bekommen wir das hin?
Bekommen wir das hin?
Mit dir wär es nur halb so schlimm.
Bekommen wir das hin?
Bekommen wir das hin?

Ein Liedtext aus dem Album „Wenn man nichts mehr vermisst"

UNIVERSUM

Ich liege hier und blicke hoch zu den Sternen,
bin fasziniert von diesem Planeten und von all den anderen.
Das Universum,
so wie es uns umhüllt,
erinnert mich daran,
dass es noch so viel mehr gibt,
als das,
was ich mit bloßem Auge sehen kann.

MÜDE

Ich bin müde,
so müde,
doch ich kann einfach keine Ruhe finden.

Meine Gedanken sind lästig,
ich kann sie nicht kontrollieren,
sie spielen Spiele
und lassen sich nicht fangen.

Ich liege im Dunkeln,
mittlerweile kann ich sogar sehen
und hören,
wenn ein Staubkorn den Boden berührt.

Vielleicht bin ich ein wenig eifersüchtig,
wenn du in deinen Träumen versinkst
und ich nur davon träumen kann,
endlich wieder zu träumen.

WEIT WEG

Du bist weit weg,
kleines Licht.

Ich versuche dich zu beschützen,
doch ich kann dich nicht greifen.

Ich möchte dich halten,
doch ich finde dich nicht,
da, wo ich heute bin.

Früher einmal,
da warst du mir so nah.

Immer,
wenn wir uns finden,
kleines Licht,
dann versuchen wir,
zusammen zu leuchten.

Und auch wenn wir mittlerweile flackern
und mit unserer Flamme zu kämpfen haben,
so weiß ich,
dass wir für immer leuchten werden.

Ich werde dich nie erlöschen lassen,
mein kleines Licht.

GETRAGEN

Ich werde getragen,
doch ich weiß nicht von was.
Es lässt mich durch dieses Leben schweben
und behütet mich vor dem Sturz.

Ich liege auf einer ewigen Wolke,
seidig und weich,
und obwohl dies ein Segen ist,
ist es das Verderben zugleich,
denn wie kann ich jemals höher wachsen,
wenn ich niemals den Boden berühre.

ZWEI WELTEN

Mein Land ist dein Land.
Unser Zuhause ist diese Erde.
Alles, was ich besitze,
sollte auch dir gehören.
Dein Leid liegt wie ein Stein
auf meinen Schultern.

Deine Hände
sollten nicht mehr für mich bluten.
Meine Freiheit
möchte ich mit dir teilen.

Es ist einfach
und doch ist es schwer.
Was uns trennt,
sind zwei Welten.
Die, in der ich lebe
und die, die ich ausbeute.

AUFBLÜHEN

Ich bin wie eine Blume.
Ich brauche den Regen,
um zu wachsen
und die Sonne,
um aufzublühen.

Ich laufe mit meinen Füßen
auf fester Erde
und spüre den Wind
wild durch meine Haare tanzen.

Ich weiß,
es ist Winter
und nichts blüht,
doch dies ist die Zeit,
um zu suchen
und zu finden.

Dann,
wenn der Schnee geschmolzen ist
und die Sonne aus ihrem Winterschlaf erwacht,
bin ich soweit,
um das neue Licht zu erblicken
und prachtvoller zu wachsen,
als je zuvor.

Ich brauche den Wandel,
die Kälte,
die Wärme,
um lebendig zu sein,
um einzugehen,
um immer wieder aufzublühen.

LEICHTERES MORGEN

Manchmal wache ich auf
und bin gar nicht wach.

Dann fühlt sich mein Tag wie ein endloser Traum an
und ich warte darauf,
dass mich jemand weckt,
damit ich wieder einschlafen kann.

Es ist schön, zu träumen,
ja, es ist sogar wichtig
und doch muss ich aufpassen,
dass ich dabei das Leben nicht vergesse.

In der Nacht,
wenn die Sterne meine Gedanken beleuchten,
dann hoffe ich auf ein leichteres Morgen.

DANK

Ich möchte mich von Herzen bei den Menschen bedanken, die mich dazu ermutigt haben, meine Gedichte mit der Welt zu teilen. Dies sind u.a. meine Familie, meine Deutschlehrerinnen auf dem Gymnasium, der literaturbegeisterte Zeitungsverkäufer aus Salzburg, dessen Name ich bis heute nicht kenne, doch mit welchem ich mich oft über Bücher und meine Texte unterhalten habe, LeserInnen aus dem Internet und meinem Lebenspartner und treustem Unterstützer.

Außerdem möchte ich mich aufrichtig bei Nilla bedanken, die das Cover so liebevoll gestaltet hat und auch bei Alex für die zahlreichen Änderungen, die er für mich so prima umgesetzt hat. Ein weiterer Dank geht an die Druckerei und auch an den Vertrieb, der es möglich gemacht hat, dass ich dieses Buch über meinen eigenen Verlag veröffentlichen kann.

Zuletzt möchte ich mich bei allen bedanken, die an die Kraft von Kunst glauben, die dazu bereit sind, ihre Emotionen und Gedanken zu teilen, die an das Gute im Menschen glauben, für ein friedliches Zusammensein kämpfen oder davon träumen, nicht aufgeben und andere und sich selbst immer wieder dazu ermutigen, ihre Träume zu verwirklichen.

„Mit Zeit kommt Freiheit.
Mit Freiheit kommt Zeit."

ÜBER DIE AUTORIN

Clara Louise ist 1992 in Lahnstein in Deutschland geboren und aufgewachsen. Bis sie 16 Jahre alt ist, besucht sie ein Gymnasium und beschließt dann der Liebe wegen ins österreichische Salzburg zu ziehen. Dort arbeitet sie als Texterin und Musikerin.

„Ich habe mit 13 Jahren begonnen, Gedichte zu schreiben. Damals und heute, um Gedanken loszuwerden, die ich nicht aussprechen kann. Für mich ist das Schreiben eine Art Befreiung und es berührt mich oft sehr, wenn sich andere Menschen damit identifizieren können. Diese Erlebnisse sind beim Schreiben und in der Musik für mich die wertvollsten und haben mich schlussendlich dazu gebracht, mein erstes Buch zu veröffentlichen", so Clara Louise.

Aufgewachsen als mittleres Kind von insgesamt drei Kindern erlebt Clara ihre Kindheit vor allem als kunstinteressiert. Sie spielt Geige, tanzt Ballett, schreibt Gedichte, zeichnet, singt und schreibt ihre ersten Lieder. Stets mit dem Bedürfnis, sich mit Worten auszudrücken und zwischen Melodien zu finden. Neben den Texten, die mal schwer, mal leicht sind, dabei stets zum Träumen anregen, sind die Seiten mit Illustrationen der Mittzwanzigerin gefüllt.

In ihren Liedern verbindet Clara Louise Lyrik mit Melodien, jedoch kann man sagen, dass die Gedichte emotional noch etwas tiefer graben und auch ohne musikalische Begleitung eine mitreißende Wirkung erzeugen.

Weitere Infos auf:
www.claralouise.de

CLARA LOUISE

VERBUNDEN

Die Musik von

CLARA LOUISE

ist auf allen Onlineportalen

und als CD erhältlich.

Der zweite Gedichtband

Zurück zum alten Kirschbaum

von Clara Louise

Der dritte Gedichtband

Stimme der Leisen

von Clara Louise